Haz música

por Natalie Goldstein

Lo que ya sabes

La fuerza es un empujón o jalón que hace que se muevan las cosas. Hay muchas fuerzas.

Empujas un trineo para moverlo. Tu empujón es una fuerza. Usas fuerza cuando tiras una pelota. La fuerza de gravedad hace que la pelota caiga al piso. La gravedad hace que las cosas caigan hacia abajo.

Si tiras una pelota con mucha fuerza, se mueve rápidamente. Si la lanzas con menos fuerza, se mueve despacio. La rapidez es qué tan ligero o qué tan despacio se mueve algo.

Las cosas se mueven de diferentes maneras. Se pueden mover hacia arriba o hacia abajo, o de derecha a izquierda. Otras cosas se mueven en línea recta, en círculo o curva, o en zigzag. Además, pueden estar en diferentes lugares.

Los imanes mueven algunas cosas de metal. Tienen un polo norte y un polo sur. Los polos diferentes se atraen. Eso significa que se jalan el uno hacia el otro. Los polos iguales se repelen. Es decir, se empujan para apartarse y alejarse.

Cuando se produce un sonido, algo vibra. Vibrar significa moverse de un lado a otro muy rápidamente. Cuando golpeas un tambor, la fuerza lo hace vibrar. La vibración del tambor produce el sonido.

Hay sonidos en todas partes. Las personas hacemos sonidos. La naturaleza también produce sonidos. Ahora vas a leer sobre cómo se hacen los sonidos musicales.

Sonido y música

Cuando algo vibra, el aire que lo rodea también vibra. La vibración se mueve en el aire. Oyes el sonido cuando la vibración llega a tus oídos.

Los instrumentos vibran para hacer sonidos. Un sonido musical se llama nota.

Los distintos instrumentos musicales hacen sonidos diferentes que podemos oír.

Las vibraciones del sonido se mueven a través del aire. Eso hace que los granos de arroz salten.

Al soplar una flauta, se producen vibraciones. Lo mismo pasa al tocar las teclas de un piano. Golpear una olla la hace vibrar como un tambor.

Los distintos instrumentos musicales hacen vibrar el aire de forma diferente. Por eso, cada instrumento hace un sonido distinto.

Percusión

Algunos instrumentos hacen sonidos cuando los golpeas o sacudes. Se llaman instrumentos de percusión.

Un xilófono tiene barras. Si tocas las barras con una varita, las barras vibran. Las distintas barras hacen diferentes sonidos.

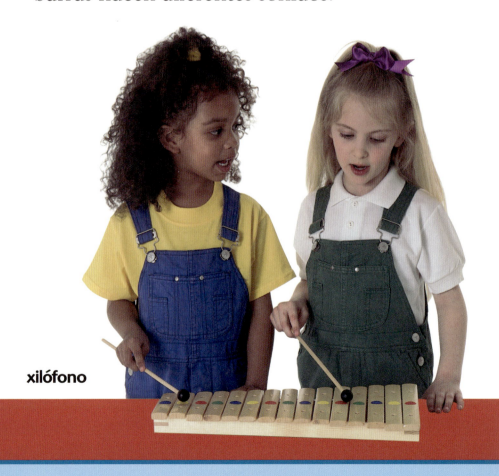

xilófono

Las panderetas y los tambores vibran cuando los golpeamos. Las maracas vibran cuando las sacudimos y se mueven las semillas que tienen dentro.

Las notas empiezan y paran en diferentes momentos. Eso se llama ritmo. Golpea un tambor. ¡Bum ba ba bum! El tambor marca el ritmo.

Soplar notas

En algunos instrumentos se sopla aire. El aire vibra dentro del instrumento. Las vibraciones producen el sonido.

Las botellas que tienen un poco de agua tienen mucho aire dentro. Si soplas dentro de la botella, el aire vibra. Se oyen sonidos bajos. ¿Qué tipo de sonidos se oirían si soplas dentro de una botella con mucha agua?

armónica

bajón

oboe

Los instrumentos que se soplan se llaman instrumentos de viento. Una flauta es un instrumento de viento. Sopla una flauta. El aire vibra dentro de ella. La flauta tiene agujeritos en un lado. Si cubres diferentes agujeros, cambia la forma en que vibra el aire. Así se producen las diferentes notas musicales.

flauta

Hay instrumentos de viento de metal de muchos tamaños. Los más largos producen sonidos más bajos. Muchos instrumentos de metal tienen curvas. Así son más fáciles de sostener en las manos.

Algunos instrumentos de metal tienen llaves o pistones que se presionan. Otros tienen una vara o un tubo que se desliza. Las llaves y las varas cambian las notas.

trompeta

tuba

trombón

Cuerdas y más

Algunos instrumentos tienen cuerdas. Hay que puntear o pulsar las cuerdas para que vibren. Entonces el aire dentro del instrumento se mueve. Así se produce el sonido.

Algunas guitarras tienen seis cuerdas. Las cuerdas más delgadas producen notas altas. Las más gruesas producen notas bajas.

guitarra

arpa

violonchelo

violín

El violín es un instrumento de cuerdas. Las cuerdas se tocan con un arco y el aire dentro del violín vibra.

Las cuerdas se presionan con los dedos mientras se mueve el arco. Presionar distintas cuerdas produce notas diferentes.

Dentro de un piano hay cuerdas.

cuerdas

teclas

El violonchelo es como un violín grande. Sus cuerdas son más largas y gruesas que las de un violín. Produce notas más bajas que un violín.

También hay cuerdas dentro de un piano. Cerca de cada cuerda hay un pequeño martillo. Si tocas una de las teclas del piano, uno de esos martillos se mueve y golpea una cuerda. La cuerda vibra y produce la nota.

Tocar juntos

Todos los sonidos musicales se producen al hacer vibrar el aire. Las vibraciones en los instrumentos musicales, las botellas con agua y en las voces de los cantantes producen sonidos.

címbalo

clarinete

violín

La vibración de un poco de aire produce un sonido diferente al que hace mucho aire al vibrar. Cada instrumento vibra de diferente manera. Por eso los instrumentos producen diferentes sonidos musicales. Juntos, los sonidos pueden crear muchos tipos de música.

Glosario

instrumento objeto que sirve para hacer música

musical relacionado con la música

nota un sonido musical

puntear pulsar o jalar para tocar un instrumento

ritmo manera de empezar y parar las notas

sonido lo que se oye cuando la vibración del aire llega a los oídos

vibración movimiento rápido de un lado a otro